Biografías de triunfadores

Beverly Cleary

Hace divertida la lectura

Patricia Stone Martin

ilustraciones de Karen Park

Versión en español de Argentina Palacios

THE ROURKE CORPORATION, INC.
VERO BEACH, FL 32964

Library of Congress Cataloging-in-Publication Data

Martin, Patricia Stone
    [Beverly Cleary. Spanish]
    Beverly Cleary: hace divertida la lectura/ Patricia
Stone Martin; ilustraciones de Karen Park; versión en
español de Argentina Palacios.
    p. cm. — (Biografías de triunfadores)
    Resumen: Una breve biografía de la popular autora,
con énfasis en la profesión de escritor. Incluye
sugerencias para imponerse metas y alcanzarlas.
    ISBN 0-86593-187-9
    1. Cleary, Beverly — Biografía — Literatura juvenil.
2. Autores, estadounidenses — Siglo XX — Biografía —
Literatura juvenil. 3. Literatura infantil — Paternidad
literaria — Literatura juvenil [1. Cleary, Beverly
2. Autores, estadounidenses. 3. Paternidad literaria.
4. Materiales en español.] I. Park, Karen, ilustr.
II. Título. III. Serie.
PS3553.L3914Z7818   1992
813'.54—dc20
[B]   92-9536
                                      CIP
                                      AC

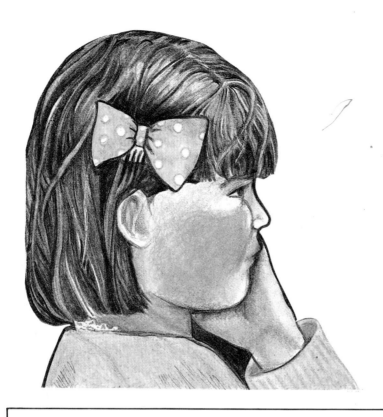

Beverly Bunn se sentaba en la fila más cerca del pizarrón. Estaba con su grupo de lectura en el pimer grado. La maestra les mostraba tarjetas. "Sip, sit, red, rill, bib, bed" leía Beverly despacio. Era muy difícil. Miró a los compañeros que estaban junto a la ventana. A ellos no les parecía difícil la lectura. Beverly volvió a mirar las tarjetas. Tiene que haber un secreto para leer, se dijo. Leer no es divertido.

Beverly se esforzó mucho por aprender a leer, en el primero y el segundo grados. Un día, en el tercer grado, sucedió algo fantástico. Beverly encontró un libro que le gustaba. Trató de leerlo ¡y lo leyó! Leyó el resto del día. De pronto, leer era divertido.

A partir de ese día, Beverly leyó todo lo que podía encontrar. Muchos libros eran de la biblioteca. ¡La bibliotecaria llegó a conocerla muy bien! Hasta dijo que Beverly debería escribir libros para niños.

A Beverly le gustó la idea y se dijo a sí misma que cuando fuera grande escribiría libros para niños. Los personajes serían como ella. Sería muy divertido leer los libros.

Eso fue exactamente lo que hizo Beverly. Probablemente tú has leído libros de Beverly Bunn Cleary.

Beverly Cleary nació el 12 de abril de 1916 en McMinnville, Oregon. Creció en una casona vieja en una hermosa granja cerca de Yamhill. Jugaba solita en la granja y era una niña alegre.

En Yamhill no había biblioteca porque era un lugar muy pequeño. Entonces la Sra. Bunn estableció una biblioteca. Le mandaban libros de los pueblos vecinos, que eran más grandes. A Beverly le encantaba ver todos los libros. Los que más le gustaban eran los libros infantiles. Deseaba poder leerlos por sí sola.

Cuando Beverly tenía seis años, la famila se mudó a la ciudad de Portland y la niña se entusiasmó mucho. Podría hacer nuevos amigos. Podría ir a una biblioteca grande con muchos libros. Aprendería a leerlos todos.

Pero la lectura no le era fácil a Beverly. En su salón de primer grado había tres grupos de lectura. El de los "azulejos" era el de los mejores lectores. El de los "cardenales" era el de los lectores promedio. El de los "mirlos" era el de los lectores más lentos. Beverly era "mirlo".

En el segundo grado le fue mejor. Podía leer ciertas cosas. Pero no quería leer. Los cuentos no eran divertidos.

Ya en el tercer grado las cosas cambiaron. Encontró libros que le gustaban. ¡Se hizo buena lectora!

Beverly sabía que quería ser escritora cuando fuera grande. Su mamá le dijo que primero tenía que conseguir un empleo. Así que Beverly estudió para bibliotecaria de niños. Como parte del trabajo tenía que leer cuentos a los niños los sábados. Siempre seleccionaba cuentos divertidos para la ocasión.

En 1940, Beverly se casó con Clarence T. Cleary. Se mudaron a Oakland, California. La II Guerra Mundial empezó el año siguiente. Beverly fue a trabajar de bibliotecaria en la biblioteca del Hospital del Ejército en Oakland durante la guerra.

Después de la guerra, los Cleary compraron una casa en Berkeley, California, no muy lejos de Oakland. En uno de los armarios Beverly encontró un montón de papel de escribir. Le dijo a su esposo que iba a escribir un libro. —¿Por qué no?—, le preguntó él. Ella le contestó que porque no tenía sacapuntas para los lápices. ¡Al día siguiente, el Sr. Cleary llevó a casa un sacapuntas!

Esa Navidad, Beverly trabajó en el departamento infantil de una librería y leyó muchos de los libros. "Yo puedo escribir cuentos mejores que muchos de ésos", se dijo.

Después de Navidad empezó a escribir. Escribió sobre un chico simpático que encontró un perro sin dueño. Si podía llevar al perro en el autobús se podía quedar con él. Pasaron muchas cosas divertidas. El chico era Henry Huggins y el perro, Ribsy, tan flaco que se le veían las costillas.

Beverly escribió cinco o seis libros antes de tener familia. Entonces los Cleary tuvieron un niño y una niña, gemelos. Los llamaron Marianne Elisabeth y Malcolm James.

Beverly siguió escribiendo libros. Muchos de los personajes de sus libros son bien conocidos por los niños. Henry Huggins, Ramona y Beezus Quimby, Ellen Tebbist y Runaway Ralph se encuentran entre los favoritos. El hijo quería un cuento sobre una motocicleta. Beverly escribió *The Mouse and the Motorcycle* ("El ratón y la motocicleta") para complacerlo. El cuento es de un ratón en un hotel que monta una bicicleta de juguete.

La mayoría de los libros de Beverly Cleary tratan de cosas de la vida diaria que les suceden a los niños. Quiere que los niños se vean a sí mismos en los libros. Sobre todo, quiere que sus libros sean divertidos.

Y sus libros *son* divertidos. En *Ramona Quimby, Age 8,* ("Ramona Quimby, Edad: 8 años") sucede lo siguiente: Ramona lleva un huevo cocido duro a la escuela para el almuerzo. La moda en la escuela es romper el huevo en la cabeza de uno. Toda la mañana Ramona ha estado ilusionada por romper el huevo. A la hora del almuerzo hace todo lo posible porque todo el mundo la mire. Entonces golpea el huevo en su cabeza. ¡A la mamá de Ramona se le había olvidado hervir el huevo!

Beverly Cleary ha ganado muchos premios por sus libros. Su mayor recompensa es que a los niños les gusta leer sus libros. Aún sigue escribiendo libros. Algunos hasta los han puesto en televisión. Beverly Cleary ha alcanzado su meta. Ha escrito libros divertidos.

Sugerencias para triunfar

¿Cuáles son tus metas? Estas sugerencias te pueden ayudar a alcanzarlas.

1. Decide cuál es tu meta.

Puede ser una meta a corto plazo, como una de éstas:

aprender a montar en bicicleta
obtener una buena nota en una prueba
mantener limpio tu cuarto

Puede ser una meta a largo plazo, como una de éstas:

aprender a leer
aprender a tocar el piano
hacerte abogado o abogada

2. Determina si tu meta es algo que realmente puedes alcanzar.

¿Tienes el talento necesario?
¿Cómo lo puedes averiguar? ¡Haciendo la prueba!

¿Necesitas equipo especial?
Tal vez necesitas un piano o patines de hielo.

¿Cómo puedes obtener lo que necesitas?
Pregúntaselo a tu maestra o a tus padres.

3. Determina lo primero que debes hacer.
Podría ser tomar clases.

4. Determina lo segundo que debes hacer.
Podría ser practicar todos los días.

5. Empieza enseguida.
Sigue fielmente el plan hasta que alcances la meta.

6. Dite siempre a ti mismo o a ti misma: —¡Puedo lograrlo!

¡Buena suerte! Tal vez algún día puedas ser un escritor o una escritora de fama como Beverly Cleary.

Serie Biografías de triunfadores

Hans Christian Andersen
Vida de cuento de hadas

Henry Cisneros
Alcalde trabajador

Beverly Cleary
Hace divertida la lectura

Michael Jordan
Compañero de equipo

Christa McAuliffe
Hacia los astros

El Dr. Seuss
Lo queremos